BEI GRIN MACHT SICH IHR WISSEN BEZAHLT

- Wir veröffentlichen Ihre Hausarbeit, Bachelor- und Masterarbeit

- Ihr eigenes eBook und Buch - weltweit in allen wichtigen Shops

- Verdienen Sie an jedem Verkauf

Jetzt bei www.GRIN.com hochladen und kostenlos publizieren

Bibliografische Information der Deutschen Nationalbibliothek:

Die Deutsche Bibliothek verzeichnet diese Publikation in der Deutschen National-bibliografie; detaillierte bibliografische Daten sind im Internet über http://dnb.d-nb.de/ abrufbar.

Impressum:

Copyright © 2017 GRIN Verlag
Druck und Bindung: Books on Demand GmbH, Norderstedt Germany
ISBN: 9783346085818

Jessica Nagel

Welches Kennzahlensystem eignet sich für das IT-Controlling?

Kennzahlensystem für einen mittelständischen Automobilzulieferer

GRIN Verlag

GRIN - Your knowledge has value

Der GRIN Verlag publiziert seit 1998 wissenschaftliche Arbeiten von Studenten, Hochschullehrern und anderen Akademikern als eBook und gedrucktes Buch. Die Verlagswebsite www.grin.com ist die ideale Plattform zur Veröffentlichung von Hausarbeiten, Abschlussarbeiten, wissenschaftlichen Aufsätzen, Dissertationen und Fachbüchern.

Besuchen Sie uns im Internet:

http://www.grin.com/

http://www.facebook.com/grincom

http://www.twitter.com/grin_com

Assignment

Kennzahlensystem

- Kennzahlensystem für das IT-Controlling? -

Verfasserin: Jessica Nagel

Studiengang: Master of Science - IT-Management

Modulbezeichnung: IMG42 - Kennzahlengestütztes IT-Management

Bearbeitungszeitraum: 16.08.2017 – 11.10.2017

I. Inhaltsverzeichnis

I

II. Abbildungsverzeichnis

III. Abkürzungsverzeichnis

IATF	International Automotive Task Force
IT	Informationstechnologie
RL	Rentabilität und Liquidität
ROI	Return on Investment
SVD	Schweizerischen Vereinigung für Datenverarbeitung
ZVEI	Zentralverband der Elektrotechnischen Industrie

II

1. Einleitung

Im folgenden Kapitel wird zunächst die Problemstellung der vorliegenden Ausarbeitung erläutert, darauf aufbauend werden die Ziele sowie der Aufbau beschrieben.

1.1. Problemstellung

Die Automobilbranche ist bereits seit der Finanzkrise im Jahr 2008 einem starken Wandel ausgesetzt.[1] Aktuell steht die Branche durch den Abgas- und den Kartellskandal weiterhin unter Druck. Diese Zustände können eine Kettenreaktion auslösen und haben somit auch Auswirkungen auf die Automobilzulieferer. Der geringere Auftragseingang und die Sparmaßnahmen der Automobilhersteller können zu Liquiditätsengpässen bei den Zulieferern führen, die vor allem kleinere und mittelständische Automobilzulieferer betreffen. Damit diese Liquiditätsengpässe nicht dazu führen, dass die Unternehmen ihre Fixkosten nicht mehr decken können, ist es besonders wichtig die Ausgaben und Kosten des Unternehmens stets im Blick zu haben sowie schnell und flexibel auf wirtschaftliche Entwicklungen zu reagieren.[2] Hierfür werden Methoden des Controllings, eines der wichtigsten Instrumente im Unternehmen, angewendet. Im Controlling werden Kennzahlen verwendet um den Wert eines Unternehmens sowie dessen Wirtschaftlichkeit und Liquidität objektiv zu bestimmen. Eine Kennzahl für sich alleine sagt allerdings noch nicht viel über ein Unternehmen aus, deshalb werden verschiedene Kennzahlen definiert und ausgewertet. Damit das Unternehmen nicht durch die Vielzahl an Zahlen den Überblick verliert, werden diese Kennzahlen in einem Kennzahlensystem strukturiert. Das Controlling nutzt solche Kennzahlensysteme, um wichtige Entscheidungsgrundlagen für das Management aufzubereiten.[3]

Da die Informationstechnologie (IT) durch die hohe Automation und die Just-in-time-Anforderungen der Automobilkonzerne immer mehr in die Prozesse eines Unternehmens

---

[1] Vgl. o.A., 'Viele Insolvenzen bei deutschen Automobilzulieferern erwartet', FOCUS, 14 September 2009

[2] Vgl. A. Grah, 'Abgasskandal trifft Autozulieferer: Bremer Firmen setzen auf andere Kunden', Weser Kurier, 06 August 2016; vgl. P. Mühlfeit and S. Rosenkranz, *Deutsche Automobilindustrie in der Krise: Spielräume des Staats ausgenutzt.* https://www.swr.de/swraktuell/deutsche-automobilindustrie-in-der-krise-spielraeume-des-staats-ausgenutzt/-/id=396/did=19996570/nid=396/1dfkq0t/index.html (18 July 2017)

[3] Vgl. W. Gladen, *Performance Measurement: Controlling mit Kennzahlen*, 6., überarb. Aufl. (Wiesbaden: Springer Gabler, 2014), p. 10

eindringt, benötigen diese hoch effiziente und ausgeprägte IT-Leistungen. Da auch in der IT die Kosten und die Unternehmensziele überwacht und gesteuert werden müssen rückt das IT-Controlling zunehmend in den Fokus dieser Unternehmen. Bislang hat sich aufgrund der individuellen Anforderungen der Unternehmen in der Praxis noch kein Standard-Kennzahlensystem für das IT-Controlling etabliert.[4]

1.2. Zielsetzung und Aufbau der Arbeit

Das Ziel der vorliegenden Ausarbeitung ist es, ein Kennzahlensystem zu identifizieren, welches sich am besten für die IT-Organisation bei einem mittelständischen Automobilzulieferer anwenden lässt. Hierfür werden nachdem im ersten Kapitel die Problemstellung sowie die Ziele und der Aufbau der Arbeit dargestellt wurden, im zweiten Kapitel zunächst die theoretischen Grundlagen für das Verständnis der vorliegenden Arbeit geschaffen. Um die zentralen Begriffe IT-Controlling und Kennzahlensystem zu definieren, werden zunächst die Begriffe Controlling und Kennzahlen definiert und daraus die zentralen Begriffe abgeleitet. Im dritten Kapitel werden die in der Literatur bekannten Kennzahlensysteme vorgestellt und auf ihre Eignung zum Einsatz im IT-Controlling eines mittelständischen Automobilzulieferers untersucht. Anschließend wird begründet ausgewählt, welches Kennzahlensystem am besten geeignet ist. Abschließend findet im vierten Kapitel eine Zusammenfassung sowie eine kritische Betrachtung der erarbeiteten Ergebnisse statt.

---

[4] Vgl. A. Gadatsch and E. Mayer, *Masterkurs IT-Controlling: Grundlagen und Praxis für IT-Controller und CIOs - Balanced Scorecard - Portfoliomanagement - Wertbeitrag der IT - Projektcontrolling - Kennzahlen - IT-Sourcing - IT-Kosten- und Leistungsrechnung*, 5.th edn. (Wiesbaden: Springer Vieweg, 2014), p. 188

2. Theoretische Grundlagen

In diesem Kapitel werden die theoretischen Grundlagen, die zum Verständnis der vorliegenden Ausarbeitung notwendig sind, erarbeitet. Hierfür werden die zentralen Begriffe Controlling und IT-Controlling sowie Kennzahlen und Kennzahlensysteme definiert.

2.1. Controlling und IT-Controlling

Der Begriff Controlling ist ein Pseudoanglizismus und leitet sich aus dem englischen Wort *„to control"* ab, was Steuern oder Regeln bedeutet. Im englischen Sprachraum wird das Controlling als Management Accounting bezeichnet.[5]

In einem Unternehmen ist das Controlling ein Teilbereich des Führungssystems und hat als Hauptaufgabe die Kontrolle, Planung, Lenkung und Steuerung der wirtschaftlichen Prozesse in allen Unternehmensbereichen.[6] Im Controlling laufen die Daten aus dem internen Rechnungswesen wie beispielsweise Kosten und Erlöse sowie aus anderen Quellen zusammen. Diese Daten werden als Entscheidungsgrundlage für die Unternehmensführung vorbereitet. Das Controlling trifft also keine Entscheidung selbst, sondern bereitet alle Informationen und Daten des Unternehmens für das Management vor.[7] Ziel des Controllings ist es, dass mit den zur Verfügung gestellten Informationen die richtigen Entscheidungen getroffen werden.[8]

Das IT-Controlling ist ein Fachgebiet des Controllings, ein so genanntes Bereichscontrolling, ausgerichtet auf die IT eines Unternehmens. Das IT-Controlling überwacht die Kosten der IT auf operativer Ebene und steuert die strategische Ausrichtung der IT anhand der übergeordneten Unternehmensziele. Aufgabe des IT-Controllings ist es, die Informationsversorgung so effektiv und effizient wie möglich zu

---

[5] Vgl. o.A., *Definition: Was ist Controlling ?* http://www.rechnungswesen-verstehen.de/controlling/controlling-definition.php (16 August 2017)

[6] Vgl. J. Weber, *Controlling.* http://wirtschaftslexikon.gabler.de/Archiv/399/controlling-v7.html (16 August 2017)

[7] Vgl. M. Kütz and M. Berend, *Kennzahlen in der IT: Werkzeuge für Controlling und Management*, 4.th edn. (Heidelberg: dpunkt.-Verlag, 2011), p. 2

[8] Vgl. Gadatsch and Mayer, *Masterkurs IT-Controlling: Grundlagen und Praxis für IT-Controller und CIOs - Balanced Scorecard - Portfoliomanagement - Wertbeitrag der IT - Projektcontrolling - Kennzahlen - IT-Sourcing - IT-Kosten- und Leistungsrechnung*, p. 1

leisten. Dies geschieht einerseits durch die Beschaffung, Aufbereitung und Analyse von Daten aus der IT für das Management und andererseits die Versorgung der IT mit betriebswirtschaftlich relevanten Daten und Informationen.[9]

2.2. Kennzahlen und Kennzahlensysteme

Kennzahlen sind ein wichtiges Instrument des Controllings, um die Plan- und Ist-Werte eines Unternehmens kompakt und übersichtlich darzustellen. Der Begriff Kennzahl beschreibt eine betriebswirtschaftliche Messgröße, die aus der Verdichtung von vielen einzelnen Werten besteht. Somit werden durch Kennzahlen Sachverhalte quantitativ und in konzentrierter Form erfasst sowie alle wichtigen Zusammenhänge verdichtet aufgezeigt.[10] Durch die Reduktion von vielen Einzeldaten auf wenige verdichtete und betriebswirtschaftlich relevante Kennzahlen, welche strukturiert und übersichtlich aufbereitet werden, ist es für die Unternehmensführung einfacher den Überblick über einen Bereich oder die Gesamtsituation des Unternehmens zu behalten.[11] Kennzahlen dienen zur Darstellung, Messung, Bewertung und Erfolgsbetrachtung von betrieblichen Vorgängen und Zielen und können als Grundlage für Entscheidungen verwendet werden.[12]

Kennzahlen können in absolute und relative Kennzahlen unterschieden werden. Absolute Kennzahlen werden aus Einzelzahlen, Summen, Differenzen oder Mittelwerten aus unternehmensrelevanten Daten gebildet. Ein Beispiel für eine absolute Kennzahl ist der aktuelle Jahresumsatz. Absolute Kennzahlen sind für sich nicht sehr aussagekräftig, erst durch den Vergleich oder die Kombination mit anderen Kennzahlen können aus absoluten Kennzahlen Schlüsse gezogen werden.

---

[9] Vgl. E. Tiemeyer, *IT-Controlling kompakt*, 1.th edn. (Heidelberg: Spektrum Akademischer Verl., 2005), p. 8; vgl. Gadatsch and Mayer, *Masterkurs IT-Controlling: Grundlagen und Praxis für IT-Controller und CIOs - Balanced Scorecard - Portfoliomanagement - Wertbeitrag der IT - Projektcontrolling - Kennzahlen - IT-Sourcing - IT-Kosten- und Leistungsrechnung*, 25f; vgl. S. Strecker, *IT-Controlling (IV-Controlling, IS-Controlling)*. http://www.enzyklopaedie-der-wirtschaftsinformatik.de/lexikon/daten-wissen/Informationsmanagement/Informationsmanagement--Aufgaben-des/IT-Controlling (17 August 2017)

[10] Vgl. Kütz and Berend, *Kennzahlen in der IT: Werkzeuge für Controlling und Management*, p. 41

[11] Vgl. Gladen, *Performance Measurement: Controlling mit Kennzahlen*, 9ff

[12] Vgl. H. J. Vollmuth and R. Zwettler, *Kennzahlen*, 2.th edn. (Freiburg: Haufe, 2014), p. 8

Relative Kennzahlen werden auch Verhältniskennzahlen genannt, da diese die absoluten Kennzahlen zueinander in Beziehung setzen. Dabei wird zwischen Gliederungszahlen, Beziehungszahlen und Indexzahlen unterschieden. Gliederungszahlen entstehen durch die Relation einer Teilmasse zur zugehörigen Gesamtmasse, dadurch werden strukturelle Beziehungen und Größenordnungen sichtbar gemacht. Ein Beispiel für eine Gliederungskennzahl ist der Anteil eines Monats am Jahresumsatz. Beziehungszahlen entstehen durch die Relation verschiedener Zahlen zueinander, die in einem Ursache-Wirkungs-Zusammenhang stehen. Dadurch können Entwicklungen und Zusammenhänge sichtbar werden, welche mit absoluten Zahlen alleine nicht zu sehen wären. Ein Beispiel für eine Beziehungskennzahl ist der Deckungsbeitrag in Relation zum Umsatz. Indexzahlen werden dazu verwendet zeitliche Änderungen und Verläufe darzustellen, dabei wird ein Vergleichswert zum Wert des Ausgangsjahres in Relation gesetzt. Ein Beispiel ist die Entwicklung des Umsatzes über mehrere Jahre.[13]

Der Begriff Kennzahlensystem beschreibt eine geordnete Gesamtheit von Kennzahlen, die in einer Beziehung zueinanderstehen, einander ergänzen oder erklären. Ein Kennzahlensystem enthält also verschiedene Kennzahlen in übersichtlicher Form und informiert somit vollständig über die Gesamtheit eines Sachverhalts, dadurch dient ein Kennzahlensystem zur Unterstützung der Entscheidungsfindung.[14, 15]

Beim Aufbau eines Kennzahlensystems unterscheidet man, je nachdem, ob die Kennzahlen mathematisch oder nur formal sachlogisch verknüpft sind zwischen Rechensystemen und Ordnungssystemen.

Bei Rechensystemen sind die Kennzahlen untereinander mathematisch verknüpft, die Kennzahlen sind meist hierarchisch und pyramidenförmig angeordnet. Die oberste Kennzahl in der Pyramide, die Spitzenkennzahl wird aus den Unterkennzahlen berechnet. Die Spitzenkennzahl fächert sich also in mehrere Unterkennzahlen auf, die Kennzahlen können sowohl verdichtet als auch bis zum Ausgangswert aufgelöst werden.

---

[13] Vgl. P. R. Preißler, *Betriebswirtschaftliche Kennzahlen: Formeln, Aussagekraft, Sollwerte, Ermittlungsintervalle* (München: De Gruyter Oldenbourg, 2008), p. 15f; vgl. Vollmuth and Zwettler, *Kennzahlen*, p. 9ff

[14] Vgl. Kütz and Berend, *Kennzahlen in der IT: Werkzeuge für Controlling und Management*, p. 5

[15] Vgl. J. Weber, *Kennzahlensystem*. http://wirtschaftslexikon.gabler.de/Archiv/12964/kennzahlensystem-v4.html (16 August 2017)

Da die Kennzahlen mathematisch zusammenhängen, verändern sich durch die Änderung einer Kennzahl auch andere Kennzahlen im System. Beispiele für Rechensysteme sind das Du-Pont-Kennzahlensystem und das Kennzahlensystem des Zentralverbandes der Elektrotechnischen Industrie (ZVEI).[16]

Bei Ordnungssystemen werden ausgewählte Sachverhalte eines Unternehmens dargestellt, hier geschieht die Verknüpfung von Kennzahlen über betriebswirtschaftliche sachlogische Zusammenhänge. Zwischen den einzelnen Kennzahlen bestehen keine mathematischen Beziehungen, deshalb sind Ordnungssysteme sehr flexibel gestaltbar. Zu den Beispielen für Ordnungssysteme gehören das Rentabilitäts- und Liquiditäts (RL)-Kennzahlensystem, die Balanced Scorecard, das Diebold-Kennzahlensystem, das Kennzahlensystem der Schweizerischen Vereinigung für Datenverarbeitung (SVD) und das Statuskonzept nach Kütz.[17]

---

[16] Vgl. S. Georg, *Die wichtigsten Controlling-Werkzeuge: Arbeitsmaterialien für Studium und Beruf mit über 70 Übungsaufgaben und einer durchgängigen Fallstudie*, Ausgabe 2015/2016 (Saarbrücken: Prof. Dr. Stefan Georg, 2016), p. 110f; vgl. K. Küting, C.-P. Weber and C. Boecker, *Die Bilanzanalyse: Beurteilung von Abschlüssen nach HGB und IFRS*, 8.th edn. (Stuttgart: Schäffer-Poeschel, 2006), p. 54ff

[17] Vgl. Georg, *Die wichtigsten Controlling-Werkzeuge: Arbeitsmaterialien für Studium und Beruf mit über 70 Übungsaufgaben und einer durchgängigen Fallstudie*, p. 110f

Die Anforderungen an die IT eines Automobilzulieferers sind besonders hoch. Diese Anforderungen ergeben sich aufgrund des hohen Autonomiegrades, der Just-in-Time-Fertigung aber auch durch die weiteren technologischen Entwicklungen, wie zum Beispiel Industrie 4.0, autonomes Fahren oder Elektromobilität. Außerdem wurde durch die International Automotive Task Force (IATF) der Standard IATF 16949 veröffentlicht, der je nach Automobilhersteller durch die Zulieferer eingehalten werden muss. IATF 16949 thematisiert in erster Linie Anforderungen an das Qualitätsmanagement und damit einhergehend Prozesse, Kundenzufriedenheit und die kontinuierliche Verbesserung der Leistungsfähigkeit des Unternehmens.[18]

Idealerweise wird das IT-Controlling durch ein ganzheitliches Kennzahlensystem unterstützt, welches umfassende Informationen zur Steuerung und Ausrichtung des Unternehmens und der IT bereitstellt. Viele etablierte Kennzahlensysteme, wie das DuPont-, das ZVEI-, das Diebold- und das RL-Kennzahlensystem legen allerdings den Fokus auf finanzielle Kennzahlen und betrachten vor allem die Kostenperspektive. Diese werden in der folgenden Analyse der Kennzahlensysteme nicht betrachtet, da hiermit der IT als Wertschöpfungsfaktor nicht genügend Rechnung getragen wird. Eine einseitige Betrachtung der Kosten führt zu einer verzerrten Wahrnehmung des Unternehmens beziehungsweise der IT. Dadurch entsteht ein hoher Kostendruck ohne Rücksicht auf die qualitativen Aspekte. Im Folgenden werden die Balanced Scorecard, das Kennzahlensystem der Schweizerischen Vereinigung für Datenverarbeitung sowie das Statuskonzept von Kütz mit ihren Vorteilen und Alleinstellungsmerkmalen vorgestellt, um zu bewerten, welches Kennzahlensystem am besten für einen mittelständischen Automobilzulieferer geeignet ist. Eine kurze Vorstellung der weiteren, bereits ausgeschlossenen Kennzahlensysteme ist in Kapitel *IV Anhang 1 – Vorstellung weiterer Kennzahlensysteme* zu finden.

3.1. Balanced Scorecard

Die Balanced Scorecard wurde Anfang der 90er Jahre als Instrument für das Controlling entwickelt und wird heute auch im IT-Controlling angewendet. Die Balanced Scorecard

---

[18] Vgl. TÜV SÜD, *IATF 16949 (ISO/TS 16949)*. http://www.tuev-sued.de/management-systeme/automobil--und-bahn-industrie/iso-ts-169492002 (18 August 2017)

kombiniert strategische und operative Kennzahlen in einem System, dazu werden über eine Ursache-Wirkungskette die Unternehmensstrategie und die operativen Maßnahmen verknüpft. Die Balanced Scorecard wurde entwickelt, da Rentabilitätskennzahlen und andere rein auf Erträge und Finanzen ausgerichtete Kennzahlen nicht ausreichen, um ein Unternehmen erfolgreich zu steuern. In diesem Kennzahlensystem werden die traditionellen finanziellen Kennzahlen durch nicht-finanzielle Kennzahlen ergänzt, um eine Vernachlässigung anderer wichtiger Perspektiven zu vermeiden. Dadurch entwickelt ein Unternehmen ein eigenes ausgewogenes Kennzahlensystem, das sich explizit aus der Strategie und den Zielen des Unternehmens ableitet. Dadurch werden insbesondere Strategien, Risiken und qualitative Erfolgsfaktoren sichtbar. Bei den Kennzahlen wird, wie in Abbildung 1 zu sehen, zwischen der Perspektive der Kunden, der Perspektive der Finanzen, der Prozessperspektive und der Lern- und Entwicklungsperspektive unterschieden.[19]

Abbildung 1: Balanced Scorecard[20]

Die Balanced Scorecard konzentriert sich nicht nur auf die Kennzahlen der Vergangenheit, sondern eröffnet auch einen Blick in die Zukunft. Allerdings benötigt die Einführung dieser Methode viel Aufwand, da die Kennzahlen individuell von jedem Unternehmen entwickelt werden müssen.

Die Balanced Scorecard wurde nicht für den Einsatz im IT-Controlling entwickelt, hat jedoch den Vorteil, dass sie für alle Unternehmensbereiche spezifisch angepasst werden kann. So kann aus einer Unternehmens-Balanced Scorecard für jeden Bereich eine eigene Bereichs-Balanced Scorecard entwickelt werden, die Ziele und Maßnahmen

---

[19] Vgl. J. Fleig, 'Balanced Scorecard (BSC)' in *Management Handbuch*

[20] Vgl. J. Weber, *Balanced Scorecard*. http://wirtschaftslexikon.gabler.de/Archiv/1856/balanced-scorecard-v7.html (17 August 2017)

werden hierbei abgeleitet. So können die Perspektiven für die IT-Balanced Scorecard auf Mitarbeiter, Projekte, Kunden, Infrastruktur, Betrieb und Finanzen angepasst werden. Durch die Ableitung der Ziele für die IT aus den Zielen des Unternehmens wird ein besseres Business-IT-Alignment erreicht.[21]

3.2. Kennzahlensystem der Schweizerischen Vereinigung für Datenverarbeitung

Das Kennzahlensystem der Schweizerischen Vereinigung für Datenverarbeitung (SVD) ist ein mehrdimensionales, nach Bereichen gegliedertes Ordnungssystem für Kennzahlen ohne Spitzenkennzahl. Das SVD-Kennzahlensystem wurde für die Unterstützung der Planung, Kontrolle und Steuerung der Wirtschaftlichkeit von IT-Anwendungen entwickelt. Die Kennzahlen werden nach den Kosten, Leistung, Struktur und Nutzen gruppiert und den Bereichen Management, Benutzer oder Informationsverarbeitung zugeordnet, welche in Abbildung 2 zu sehen sind.[22]

Abbildung 2: SVD-Kennzahlensystem[23]

Durch die wenigen Kennzahlen und die Zuordnung zu bestimmten Bereichen ergibt sich ein ganzheitliches Kennzahlensystem, welches übersichtlich ist und sich detailliert aufbereiten lässt. So kann beispielsweise der Nutzen einer IT-Anwendung dem Nutzen, der sich ohne IT-Anwendung ergibt gegenübergestellt werden.

---

[21] Vgl. Gadatsch and Mayer, *Masterkurs IT-Controlling: Grundlagen und Praxis für IT-Controller und CIOs - Balanced Scorecard - Portfoliomanagement - Wertbeitrag der IT - Projektcontrolling - Kennzahlen - IT-Sourcing - IT-Kosten- und Leistungsrechnung*, 109ff

[22] Vgl. ibid., p. 187ff

[23] Vgl. ibid., p. 189

Das Statuskonzept von Kütz ist ein Ordnungssystem, bei dem die Kennzahlen in drei unterschiedliche Zeithorizonte, den Tagesstatus, den Monatsstatus sowie den Quartalsstatus, eingeteilt werden. Die Kennzahlen der einzelnen zeitlichen Ebenen müssen nicht miteinander in Relation stehen.

Die Kennzahlen des Tagesstatus stellen die Verfügbarkeit der wichtigsten Informationssysteme des Unternehmens sowie die Termintreue der wichtigsten Projekte für entsprechende schnelle Maßnahmen dar. Des Weiteren werden wichtige Kennzahlen, wie aktuelle Anzahl der Störungsmeldungen oder Krankenstand der IT-Mitarbeiter dargestellt. Bei den Kennzahlen für den Monatsstatus werden Informationen über den IT-Betrieb und die IT-Projekte dargestellt. Dazu werden Informationen über den gesamten Zeitraum gesammelt und daraus Kennzahlen, wie Ausschöpfungsgrad des IT-Budgets oder Fertigstellungsgrad wichtiger Projekte gebildet. Die Kennzahlen des Quartalsstatus beinhalten Kennzahlen für die analytische Überwachung der Strukturgröße wie IT-Kosten zu Gesamtkosten oder Qualifikation der Mitarbeiter.[24]

Das Statuskonzept von Kütz ist ein pragmatischer Ansatz für Kennzahlen und lässt sich sehr leicht für das jeweilige Unternehmen individualisieren.[25] Die aufgeführten Beispiele für Kennzahlen sind aktuell und die Einteilung in unterschiedliche Zeithorizonte erlaubt sowohl den operativen als auch den strategischen Einsatz. Es fehlt allerdings eine detaillierte Ausarbeitung des Konzeptes und die Anzahl der angegebenen Kennzahlen ist gering.

3.4. Fazit

Nachdem nun die unterschiedlichen Kennzahlensysteme mit ihren Vor- und Nachteilen vorgestellt wurden, lässt sich folgendes Fazit ziehen.

Die Balanced Scorecard kann sehr individuell für jedes Unternehmen und jeden Bereich angepasst werden und ist für das IT-Controlling geeignet. Die Anpassungen sind allerdings mit einem sehr hohen Aufwand und einer notwendigen Sensibilisierung der Mitarbeiter verbunden. Hier müsste zunächst noch eine individuelle Betrachtung und

---

[24] Ibid., p. 188

[25] Vgl. Kütz M. (ed.), *Kennzahlen in der IT: Werkzeuge für Controlling und Management*, 1. Aufl. (Heidelberg: dpunkt-Verl., 2003), 291ff

Analyse der Prozesse erfolgen. Die Balanced Scorecard macht vor allem Sinn, wenn für das Unternehmen eine übergreifende und für die Bereiche daraus abgeleitete, individuelle Scorecards entwickelt werden. Dies wäre allerdings für ein mittelständisches Unternehmen zu umfangreich und kann somit nicht empfohlen werden.

Das SVD-Kennzahlensystem ist für den praktischen Einsatz im IT-Controlling eines mittelständischen Automobilzulieferers sehr gut geeignet, als einziger negativer Punkt ist hier zu betrachten, dass nur Kennzahlen aus der Vergangenheit analysiert werden. Dieses Problem könnte durch eine Erweiterung des Kennzahlensystems um die Zeithorizonte aus dem Statuskonzept von Kütz gelöst werden. Somit kann zusammenfassend für das IT-Controlling eines mittelständischen Automobilzulieferers das SVD-Kennzahlensystem in Verbindung mit den Zeithorizonten von Kütz empfohlen werden. Durch die Kombination der beiden Systeme wird auch der strategische Einsatz abgedeckt, der in der Automobilbranche sehr wichtig ist.

4. Schlussbetrachtung

In der vorliegenden Ausarbeitung wurden verschiedene Kennzahlensysteme vorgestellt und untersucht, um ein passendes Kennzahlensystem für das IT-Controlling eines mittelständischen Automobilzulieferers zu identifizieren. Dabei wurde herausgefunden, dass sich rein betriebswirtschaftliche und auf Kosten bezogene Kennzahlensysteme aufgrund ihrer einseitigen Betrachtung nicht eignen. Das SVD-Kennzahlensystem sowie die Balanced Scorecard eignen sich aufgrund ihrer ganzheitlichen Betrachtung eines Unternehmens hingegen sehr gut. Aufgrund der hohen Anpassungsnotwendigkeit der Balanced Scorecard, hat sich das SVD-Kennzahlensystem in Verbindung mit den Zeithorizonten aus dem Statuskonzept von Kütz als besonders passend für das IT-Controlling eines mittelständischen Automobilzulieferers herausgestellt.

Bei der Untersuchung der Kennzahlensysteme hat sich herausgestellt, dass sich diese in den letzten Jahren kaum verändert haben, allerdings haben sich die zu untersuchenden Objekte sowie der Einsatz von Informationstechnologie im Unternehmen geändert. Somit macht der Einsatz von Kennzahlensystemen durchaus Sinn, diese müssen jedoch regelmäßig an aktuelle Themen angepasst und entsprechend erweitert werden. Kennzahlensysteme haben den Vorteil, dass durch die verdichteten Kennzahlen komplexe Prozesse und deren Zusammenhänge besser verständlich werden. Durch den zeitlichen Vergleich der Kennzahlen lassen sich neue Trends besonders schnell erkennen. Durch die Verdichtung ergeben sich allerdings auch Risiken, zu hoch verdichtete Kennzahlen können Teilprobleme verschleiern. So kann es beispielsweise sein, dass die Kennzahl, die die Gesamtsituation des Unternehmens beschreibt gut aussieht, allerdings darunterliegende Kennzahlen Probleme verursachen. Deshalb ist es besonders wichtig beim Einsatz von Kennzahlensystemen die Anwender entsprechend zu schulen und die Berechnungsformeln für die einzelnen Kennzahlen zu dokumentieren um Fehlinterpretationen zu vermeiden.

Zusammenfassend ist der Einsatz eines Kennzahlensystems für das IT-Controlling von hoher Bedeutung, das Kennzahlensystem sollte jedoch wohl überlegt ausgesucht und strukturiert im Unternehmen an die jeweiligen Prozesse angepasst eingeführt werden.

Du-Pont-Kennzahlensystem

Das Du-Pont-Kennzahlensystem wurde bereits 1919 von dem Chemie-Konzern E.I. Du Pont De Nemours And Company entwickelt und gilt als Prototyp für die Bildung mehrerer anderer Kennzahlensysteme.[26] Das Rechensystem ist hierarchisch aufgebaut und setzt sich aus mehreren Finanzkennzahlen im Unternehmen zusammen. Die Spitzenkennzahl des Du-Pont-Kennzahlensystems ist der Return on Investment (ROI), also die Gesamtkapitalrentabilität. Diese wird wiederum in die Einflussgrößen Umsatzrentabilität und Kapitalumschlag zerlegt. Den ersten drei Verhältniszahlen an der Pyramidenspitze folgt eine weitere rechentechnische Zerlegung in absolute Größen aus Bilanz und Gewinn- und Verlustrechnung, wie in Abbildung 3 zu sehen ist. [27]

Abbildung 3: Du-Pont-Kennzahlensystem[28]

Das Kennzahlensystem ist so aufgebaut, dass mit den unterschiedlichen Kennzahlen sichtbar wird, was die Stellhebel sind, um den Unternehmenserfolg zu fördern. Es dient in der Praxis als Grundgerüst für die Planung und Kontrolle sowohl der Gesamtunternehmung als auch von einzelnen Sparten. Während die Aufspaltung der Umsatzrentabilität mehr Aufschluss über die Kostentreiber liefert, kann man sich anhand

---

[26] Vgl. A. Helming, 'Kennzahlensysteme im Vergleich', IPL-Magazin, 04.2015

[27] Vgl. J. Fleig, *Kennzahlensysteme: Beispiele für Kennzahlensysteme.* https://www.business-wissen.de/hb/beispiele-fuer-kennzahlensysteme/ (17 August 2017); vgl. Küting, Weber and Boecker, *Die Bilanzanalyse: Beurteilung von Abschlüssen nach HGB und IFRS*, p. 59

[28] Vgl. Helming, 'Kennzahlensysteme im Vergleich'

des Kapitalumschlags über das Eigenkapital sowie das Anlage- und Umlaufvermögen informieren. Für jede der Kennzahlen werden die Sollwerte des aktuellen Budgets und die Istwerte der letzten fünf Jahr mitgeführt um sowohl kurzfristige Abweichungen als auch langfristige Trends erkennen zu können. So wird eine übersichtliche Darstellung der wichtigsten Einflussgrößen erreicht. Es wird beispielsweise sichtbar, dass die Umsatzrentabilität über eine Senkung des Materialaufwandes verbessert werden kann und über den Abbau von Forderungen der Kapitalumschlag steigt. Daraus lassen sich entsprechende Aktionen und Maßnahmen ableiten.[29]

Diebold-Kennzahlensystem

Das Kennzahlensystem der Firma Diebold Deutschland GmbH wurde 1980 entwickelt und ist hierarchisch aufgebaut. Die Spitzenkennzahl sind die IT-Kosten in Prozent des Umsatzes. Das Kennzahlensystem wurde für die Planung, Steuerung und Kontrolle der IT entwickelt, somit ist das Kennzahlensystem auf die Verwendung im IT-Controlling zugeschnitten. Unterhalb der Spitzenkennzahl gibt es die beiden Kennzahlenbereiche Wirkung des Einsatzes der IT auf die Unternehmungsleistung und Wirtschaftlichkeit der Leistungserstellung der IT. Diese beiden Kennzahlenbereiche enthalten, wie in Abbildung 4 zu sehen wiederum mehrere Kennzahlen. Hier werden keine konkreten Kennzahlen genannt, somit sind die Kennzahlen auch nicht rechnerisch miteinander verbunden. [30]

---

[29] Vgl. Fleig, *Kennzahlensysteme: Beispiele für Kennzahlensysteme*; vgl. Küting, Weber and Boecker, *Die Bilanzanalyse: Beurteilung von Abschlüssen nach HGB und IFRS*, p. 59

[30] Vgl. ibid., p. 186ff

Abbildung 4: Diebold-Kennzahlensystem[31]

Das Diebold-Kennzahlensystem ist zwar ausdrücklich für das IT-Controlling entstanden, ist allerdings nicht für einen mittelständischen Automobilzulieferer geeignet, da hier nur einseitig die Kosten betrachtet werden. Dadurch entsteht ein hoher Kostendruck ohne Rücksicht auf die qualitativen Aspekte. Außerdem ist die Spitzenkennzahl IT-Kosten in Prozent des Umsatzes nicht nur von der IT, sondern auch von der Umsatzgröße abhängig. Wenn sich der Umsatz ändert, verändert sich auch diese Kennzahl ohne dass sich die Kosten der IT geändert haben. Somit ist die Messung der IT-Ausgaben abhängig vom Umsatz nicht zielführend für eine leistungsorientierte Steuerung der Informationsverarbeitung.[32]

Ein weiterer negativer Punkt sind die fehlenden genauen Vorgaben, das Kennzahlensystem müsste also noch individuell ausgearbeitet werden. Durch die große Anzahl an Kennzahlen ist das System unübersichtlich und das Erfassen der Kennzahlen mit einem hohen Aufwand verbunden.[33]

---

[31] Vgl. ibid., p. 188

[32] Vgl. ibid., p. 186ff

[33] Vgl. Preißler, *Betriebswirtschaftliche Kennzahlen: Formeln, Aussagekraft, Sollwerte, Ermittlungsintervalle*, p. 48

Kennzahlensystem des Zentralverbandes der Elektrotechnischen Industrie

Das Kennzahlensystem des Zentralverbandes der Elektrotechnischen Industrie (ZVEI) ist eine Weiterentwicklung des DuPont-Kennzahlensystems aus dem Jahr 1970. Ziel des Kennzahlensystems ist eine einfache Ermittlung der Effizienz eines Unternehmens. Mit Hilfe des ZVEI-Kennzahlensystems können Wachstumskennzahlen sowie Strukturkennzahlen analysiert werden. Bei der Strukturkennzahlenanalyse können ausgehend von der Spitzenkennzahl Eigenkapitalrentabilität Informationen des Rechnungswesens verdichtet werden, um eine Schwachstellenanalyse durchzuführen. Das Kennzahlensystem besteht aus über 200 Kennzahlen, welche mathematisch miteinander verknüpft sind, allerdings dienen 122 der Kennzahlen nur als Hilfskennzahlen zur Verknüpfung.[34]

Bei dem ZVEI-Kennzahlensystem handelt es sich um ein rein betriebswirtschaftliches Kennzahlensystem und um kein IT-Kennzahlensystem, weshalb dieses nicht für das IT-Controlling verwendet wird.

Rentabilitäts- und Liquiditäts-Kennzahlensystem

Das Rentabilitäts- und Liquiditäts (RL)-Kennzahlensystem von Reichmann und Lachnit ist ein Ordnungssystem, in dem die zentralen Erfolgsgrößen Rentabilität und Liquidität in zwei voneinander getrennten Kennzahlenhierarchien gleichzeitig betrachtet werden. Die abgeleiteten Kennzahlen stehen dabei nicht zwingend in einem rechnerischen, sondern in einem logisch strukturellen Zusammenhang.[35]

Durch die wenigen rechentechnischen Verknüpfungen lässt sich das Kennzahlensystem durch die Integration spezifischer Kennzahlen leicht an die individuellen Bedürfnisse des Unternehmens anpassen. Bei dem RL-Kennzahlensystem handelt es sich ebenfalls um ein rein betriebswirtschaftliches Kennzahlensystem, weshalb dieses nicht für das IT-Controlling verwendet wird.

---

[34] Vgl. T. Reichmann, *Controlling mit Kennzahlen und Managementberichten: Grundlagen einer systemgestützten Controlling-Konzeption*, Controlling, 4.th edn. (München: Vahlen, 1997), 30f;

vgl. Fleig, *Kennzahlensysteme: Beispiele für Kennzahlensysteme*

[35] Vgl. Reichmann, *Controlling mit Kennzahlen und Managementberichten*, 30f

V. Literaturverzeichnis

Fleig, J., 'Balanced Scorecard (BSC)' in *Management Handbuch* .

Gadatsch, A. and Mayer, E., *Masterkurs IT-Controlling: Grundlagen und Praxis für IT-Controller und CIOs - Balanced Scorecard - Portfoliomanagement - Wertbeitrag der IT - Projektcontrolling - Kennzahlen - IT-Sourcing - IT-Kosten- und Leistungsrechnung*, 5.th edn. (Wiesbaden: Springer Vieweg, 2014).

Georg, S., *Die wichtigsten Controlling-Werkzeuge: Arbeitsmaterialien für Studium und Beruf mit über 70 Übungsaufgaben und einer durchgängigen Fallstudie*, Ausgabe 2015/2016 (Saarbrücken: Prof. Dr. Stefan Georg, 2016).

Gladen, W., *Performance Measurement: Controlling mit Kennzahlen*, 6., überarb. Aufl. (Wiesbaden: Springer Gabler, 2014).

Grah, A., 'Abgasskandal trifft Autozulieferer: Bremer Firmen setzen auf andere Kunden', Weser Kurier, 06 August 2016.

Küting, K., Weber, C.-P. and Boecker, C., *Die Bilanzanalyse: Beurteilung von Abschlüssen nach HGB und IFRS*, 8.th edn. (Stuttgart: Schäffer-Poeschel, 2006).

Kütz, M. (ed.), *Kennzahlen in der IT: Werkzeuge für Controlling und Management*, 1. Aufl. (Heidelberg: dpunkt-Verl., 2003).

Kütz, M. and Berend, M., *Kennzahlen in der IT: Werkzeuge für Controlling und Management*, 4.th edn. (Heidelberg: dpunkt.-Verlag, 2011).

Mühlfeit P. and Rosenkranz S., *Deutsche Automobilindustrie in der Krise: Spielräume des Staats ausgenutzt*. https://www.swr.de/swraktuell/deutsche-automobilindustrie-in-der-krise-spielraeume-des-staats-ausgenutzt/-/id=396/did=19996570/nid=396/1dfkq0t/index.html (18 July 2017).

o.A., *Definition: Was ist Controlling ?* http://www.rechnungswesen-verstehen.de/controlling/controlling-definition.php (16 August 2017).

o.A., 'Viele Insolvenzen bei deutschen Automobilzulieferern erwartet', FOCUS, 14 September 2009.

Preißler, P. R., *Betriebswirtschaftliche Kennzahlen: Formeln, Aussagekraft, Sollwerte, Ermittlungsintervalle* (München: De Gruyter Oldenbourg, 2008).

Strecker S., *IT-Controlling (IV-Controlling, IS-Controlling)*. http://www.enzyklopaedie-der-wirtschaftsinformatik.de/lexikon/daten-wissen/Informationsmanagement/Informationsmanagement--Aufgaben-des/IT-Controlling (17 August 2017).

Tiemeyer, E., *IT-Controlling kompakt*, 1.th edn. (Heidelberg: Spektrum Akademischer Verl., 2005).

TÜV SÜD, *IATF 16949 (ISO/TS 16949)*. http://www.tuev-sued.de/management-systeme/automobil--und-bahn-industrie/iso-ts-169492002 (18 August 2017).

Vollmuth, H. J. and Zwettler, R., *Kennzahlen*, 2.th edn. (Freiburg: Haufe, 2014).

Weber J., *Balanced Scorecard*.
http://wirtschaftslexikon.gabler.de/Archiv/1856/balanced-scorecard-v7.html (17 August 2017).

Weber J., *Controlling*. http://wirtschaftslexikon.gabler.de/Archiv/399/controlling-v7.html (16 August 2017).

Weber J., *Kennzahlensystem*.
http://wirtschaftslexikon.gabler.de/Archiv/12964/kennzahlensystem-v4.html (16 August 2017).

BEI GRIN MACHT SICH IHR WISSEN BEZAHLT

- Wir veröffentlichen Ihre Hausarbeit,
  Bachelor- und Masterarbeit

- Ihr eigenes eBook und Buch -
  weltweit in allen wichtigen Shops

- Verdienen Sie an jedem Verkauf

Jetzt bei www.GRIN.com hochladen
und kostenlos publizieren